AF360678

ESSAI

SUR L'INSTITUTION

DES

AVOCATS ET PROCUREURS

DES PAUVRES,

O U

MÉMOIRE TENDANT,

au renouvellement de difpofitions
anciennes, dont l'effet feroit,

D'ABORD, de faire rendre aux Pauvres la même
juftice que celle que les Riches peuvent fe procurer;

ENSUITE, de mettre ceux que l'on peut appeler
Pauvres ou Riches fictifs, à l'abri de ce qui acheve
le plus de les ruiner; moyen, par degrés, de diminuer
le nombre des mauvais Procès; & par là, de repor-
ter, autant qu'il fe peut pour le tems, l'adminiftration de la Juftice à fa premiere origine, &c.

Par * * * * *Procureur au Parlement de Paris,*
d'après feu M. Antoine de Laujorrois, Confeiller
au Parlement de Touloufe.

A PARIS,

Chez PRAULT pere, Quai de Gèvres, au Paradis.

M. DCC. LXI.

AVEC APPROBATION ET PERMISSION.

AUX
PAUVRES.

 E fais pour *Vous* ce que je puis de mieux dans mon état. Priez Dieu avec moi qu'il fasse faire aux autres dans le leur ce qu'ils peuvent de mieux pour *Vous*.

Le Procureur des Pauvres.

PRÉFACE.

JE ne donne qu'une Esquisse. C'est trop, si je dois échouer,

APPROBATION.

J'Ai lû par ordre de Monseigneur le Chancelier, un Manuscrit intitulé : *Essai sur l'institution des Avocats & Procureurs des Pauvres ; &* je n'y ai rien trouvé qui doive en empêcher l'impression. A Paris ce 15 Juin 1761.

Signé COQUELEY DE CHAUSSEPIERRE.

PRIVILEGE DU ROI.

LOUIS, par la grace de Dieu, Roi de France & de Navarre : A nos amés & féaux Conseillers les Gens tenans nos Cours de Parlement, Maîtres des Requêtes ordinaires de notre Hôtel, Grand Conseil, Prevôt de Paris, Baillifs, Sénéchaux, leurs Lieutenans Civils , & autres nos Justiciers qu'il appartiendra : SALUT. Notre amé Nous a fait exposer qu'il desireroit faire imprimer & donner au Public un Ouvrage qui a pour titre : *Essai sur l'institution des Avocats & Procureurs des Pauvres,* s'il Nous plaisoit lui accorder nos Lettres de permission pour ne nécessaires : A CES CAUSES, voulant favorablement traiter l'Exposant , Nous lui avons permis & permettons par ces Présentes de faire imprimer ledit Ouvrage autant de fois que bon lui semblera, & de le faire vendre & débiter par tout notre Royaume pendant le tems de trois années consécutives , à compter du jour de la datte des Présentes : Faisons défenses à tous Imprimeurs, Libraires & autres personnes, de quelque qualité & condition qu'elles soient, d'en introduire d'impression étrangere dans aucun lieu de notre obéissance : à la charge que ces Présentes seront enregistrées tout au long sur le Registre de la Communauté des Imprimeurs & Libraires de Paris, dans trois mois de la datte d'icelles, que l'impression dudit Ouvrage sera faite dans notre Royaume

& non ailleurs, en bon papier & beaux caractéres, conformément à la feuille imprimée attachée pour modéle sous le
contre-scel des Présentes ; que l'Impétrant se conformera en
tout aux Réglemens de la Librairie, & notamment à celui
du 10 Avril 1725 ; qu'avant de l'exposer en vente, le Manuscrit qui aura servi de copie à l'impression dudit Ouvrage,
sera remis dans le même état où l'approbation y aura été
donnée, ès mains de notre très-cher & féal Chevalier Chancelier de France le sieur de Lamoignon, & qu'il en sera ensuite remis deux exemplaires dans notre Bibliotheque publique, un dans celle de notre Château du Louvre, & un dans
celle de notredit très-cher & féal Chevalier Chancelier de
France le sieur de Lamoignon ; le tout à peine de nullité des
Présentes, du contenu desquelles vous mandons & enjoignons de faire jouir ledit Exposant ou ses ayans cause pleinement & paisiblement, sans souffrir qu'il leur soit fait aucun
trouble ou empêchement. Voulons qu'a la copie des Présentes, qui sera imprimée tout au long au commencement ou à
la fin dudit Ouvrage, foi soit ajoutée comme à l'original.
Commandons au premier notre Huissier ou Sergent sur ce
requis, de faire pour l'exécution d'icelles tous Actes requis
& nécessaires, sans demander autre permission, & nonobstant
clameur de haro, Charte normande & Lettres à ce contraires.
CAR tel est notre plaisir. DONNÉ à Versailles le vingt-huitiéme jour du mois de Juillet, l'an de grace mil sept cent
soixante-un, & de notre régne le quarante-sixiéme. Par le
Roi en son Conseil. *Signé*, LE BEGUE. Et scellé du Sceau
de cire jaune.

Regiftré fur le Regiftre 15. *de la Chambre Royale &*
Syndicale des Libraires & Imprimeurs de Paris, N°. 434.
fol. 201. *conformément au Réglement de* 1723, *qui fait dé*
fenses, art. 41. *à toutes perfonnes de quelques qualités & con*
dition qu'elles foient, autres que les Libraires & Imprimeurs
de vendre & débiter, faire afficher aucuns Livres pour les
vendre en leurs noms, foit qu'ils s'en difent les Auteurs ou
autrement, & à la charge de fournir à la fufdite Chambre
neuf exemplaires pre crits par l'art. 108. *du même Régle*
ment. A Paris, ce 31 *Juillet* 1761.

Signé, MOREAU, Adjoint.

E S S A I

SUR L'INSTITUTION

DES

AVOCATS ET PROCUREURS

DES PAUVRES.

IEU même, en donnant l'exemple, par l'état humiliant qu'il choisit, fit peu aimer la pauvreté. Comment, par des discours, feroit-on beaucoup aimer les Pauvres aux hommes, qui brûlent de soif pour les richesses, qui ne recherchent que les distinctions ?

De tout temps, néanmoins, il y eut des ames privilégiées, fidéles imitatrices du divin modéle, à qui la pauvreté évangélique fut chere, & qui connurent leurs obligations envers les Pauvres. Tels, entre les Rois de France, Saint Louis IX, Henri IV, le Grand, qui leur firent tant de bien;

A iiij

Louis XV, le Bien-aimé, digne héritier de ces bons Rois, qui leur en fait tant. C'est pour les ames de cette force & de cette trempe, confidérées dans tous les états, que l'on écrit ; non pour ces ames fuperbes qui voient tout au deffous d'elles ; non pour ces ames molles, fondues dans les délices, qui ne foupirent qu'après leurs aifes ; non enfin pour toutes ces ames lourdes ou perverfes que rien ne peut remuer ni intéreffer en faveur du prochain. Plût à Dieu qu'il n'y en eût aucune de cette forte !

Toutes les idées ne tombent pas dans une même tête, tout n'eft pas accordé à une même intelligence. Les hommes les mieux intentionnés, fi d'ailleurs ils ont beaucoup de chofes à faire, (& les Rois font certainement ceux qui ont le plus de devoirs à remplir) attendent quelquefois qu'on les avertiffe ; ils ne peuvent tout deviner, ni aller au devant de tout. Avec leurs autres occupations, c'eft affez leur demander, que de les prier d'être difpofés à entendre parler de ce qui eft bon, & à appuyer ce que l'on en dit, chacun de fon pouvoir, fi la matiere le mérite. Sans doute c'eft ainfi que fe font formés parmi nous, à la gloire de Dieu, à l'honneur des Fondateurs, au profit des Pauvres, tant de beaux & d'utiles établiſſemens, monumens où éclate, avec la magnificence, la ſolide piété de nos Rois. Ici, au couchant de la Ville, allant vers la demeure du Souverain, près du lieu où David belliqueux, Salomon pacifique, mais prévoyant, crée une jeuneſſe militaire, s'éleve un édifice fameux que des Rois pourroient habiter ſans honte : c'eſt où l'humanité fit prudemment faire à un Roi conquerant, ce que les ſeules régles de la bonne politique ne devoient point lui laiſſer à faire. Il y raſſembla de toutes parts & pour toujours, des reſtes précieux, ſes compagnons d'armes, illuſtres défenſeurs de l'Etat, qui n'avoient preſque plus que la voix pour publier ſes louanges, & rendre graces à Dieu de ſes bienfaits. Sa reconnoiſſance ne devoit pas moins à leurs ſervices. A l'autre bout de la Ville, du côté du Levant, au Midi, au Nord, partout, avec les marques eſſentielles de la protection qui fit fleurir les Lettres, les Sciences, les Arts, le Commerce, des Maiſons où différentes eſpéces de néceſſiteux trouvent pluſieurs ſortes de ſecours. A chaque pas, des traits de la généroſité des Monarques, de la charité des Sujets ; fruits des bons mouvemens, comme des bons avis.

Au milieu des Citoyens, eſt le célébre

Palais de la Justice, propice aux bons, formidable aux méchans. La Majesté de nos Rois y réside, comme celle de Dieu réside dans les temples qui lui sont consacrés. Là j'ai été nourri, & je puis en parler. J'ai vû les riches ne point porter inutilement leurs offrandes, & les pauvres souvent adresser d'inutiles vœux. Ce n'est la faute ni de la justice, dont le Sanctuaire est ouvert à tout le monde, ni de ceux qui prononcent ses oracles, selon le droit de quiconque peut les approcher ; ce n'est pas même la faute de ceux qui sont chargés de déférer le jugement de ce droit aux Magistrats ; c'est celle des moyens, c'est celle des richesses, dont la possession applanit tant de difficultés, & qui mettent entre le pauvre & elles des obstacles que ce dernier a tant de peine à surmonter : & c'est ce qui me fait appeler le secours des bons à son aide.

Monsieur de Laujorrois, Conseiller au Parlement de Toulouse, m'a devancé dans cette entreprise. J'ai crû pouvoir, quoique de loin, marcher sur les pas d'un pareil guide ; je lui devrai ce que je dirai de mieux.

Mon Dieu, ma tentative est difficile : rendez-là aisée. Elle sera telle, si vous inspirez ceux qui peuvent plus que moi. Je parle pour les Pauvres ; je parle pour une forte de Pauvres dont les befoins très-effec-tifs ne font point affez connus. Faites-en paffer le tableau dans le cœur de ceux qui peuvent les foulager.

Priez auffi, Pauvres ; & vous, Riches, écoutez. Un refpectable Magiftrat, un grand Roi, de qui il fut entendu, vont vous parler.

Extrait du Livre de M. de Laujorrois.

» Advis pour l'inftitution charitable des
» Advocats & Procureurs, en faveur des
» Vefves, Orphelins, pauvres Gentilshom-
» mes, Bourgeois, Marchands, Labou-
» reurs, & autres perfonnes miférables,
» qui, faute de confeils, ou fecours & affif-
» tance d'argent, laiffent perdre leurs droits,
» & n'ont moyen de faire les pourfuites &
» frais néceffaires en leurs actions civiles ou
» criminelles, ès Cours, tant fouveraines
» que fubalternes de ce Royaume, avec
» l'Arrêt du Confeil d'Etat, portant l'in-
» ftitution defdits Advocats & Procureurs
» des Pauvres. A Paris, chez Jean Richer,
» rue faint Jean de Latran, à l'Arbre ver-
» doyant, & en fa Boutique au Palais, fur

» le Perron Royal. M. DC. X. Avec Privi-
» lége du Roi.

La charité fournit les motifs à M. de
Laujorrois , & lui suggéra les moyens dont
Henri I V & son Conseil adopterent ce
qui suit.

ARREST DU CONSEIL D'ETAT,
dont il est parlé dans le Livre de M. de
Laujorrois , portant l'institution des Avocats & Procureurs des Pauvres.

» *Extrait des Registres du Conseil d'Etat.*

» Sur ce qui a été remontré au Roi en
» son Conseil , que un grand nombre de
» Vefves, Orphelins, Pauvres Gentilshom-
» mes , Marchands, Laboureurs, & autres
» personnes misérables, faute d'être assistés
» & secourus, les uns de conseils, aucuns
« de quelque peu d'argent, les autres de
» tous les deux ensemble , laissent journel-
» lement perdre leurs biens & leurs droits,
» soit en demandant ou défendant, & n'ont
» moyen de faire les poursuites & frais né-
» cessaires en leurs instances & actions,
» intentées ou à intenter, civiles ou cri-
» minelles , ès Cours, tant souveraines,
» ordinaires que subalternes de son Royau-

» me, à cauſe des grands frais qui ſe font
» en Juſtice, & qu'il n'eſt pas raiſonnable
» que, ſous prétexte du peu de charité qui
» ſe voit aujourd'hui, ſes ſujets, faute de
» conſeil ou de quelque peu d'argent, ou
» de tous les deux, ſoient abandonnés à la
» merci, injure, oppreſſion & calomnie de
» plus puiſſant qu'eux, perdent miſérable-
» ment leurs biens & honneur, & par ce
» moyen, tombent ſouvent, ou pourroient,
» s'il n'y eſt remédié, tomber en d'étranges
» malheurs, inconvéniens & calamités. Le
» Roi en son conseil, meû d'une affec-
» tion charitable & paternelle envers ſon
» pauvre peuple, deſirant pourvoir à l'ad-
» venir que la juſtice ſoit rendue en toute
» ſincérité aux Vefves, Orphelins, Pauvres
» Gentilshommes, Marchands, Labou-
» reurs, & généralement aux perſonnes ré-
» duites à telle miſere & néceſſité, qu'ils
» n'ont pas moyen de pourſuivre leurs inſ-
» tances, droits & actions, intentées ou à
» intenter, civiles ou criminelles ; a ordon-
» né & ordonne, qu'en toutes leſdites
» Cours, tant ſouveraines, ordinaires que
» ſubalternes, ſeront commis & députés des
» Advocats & Procureurs pour les Pauvres,
» en tel nombre qu'il ſera adviſé en ſon
» Conſeil, ſelon la grandeur & néceſſité

» de chacune Cour ou Siége, lesquels fe-
» ront tenus d'assister de leur conseil, in-
» dustrie, labeur & vacation, tous ceux
» de la susdite qualité, sans néanmoins pren-
» dre aucune chose, tant petite soit-elle, &
» sous quelque prétexte que ce soit, sur
» peine de concussion, se contentant de
» leurs simples gaiges, salaires & préroga-
» tives qu'il plaira à Sa Majesté attribuer
» ausdits Advocats & Procureurs, qui fe-
» ront commis & choisis comme plus capa-
» bles & gens de bien, & iceux entretenus
» ausdites charges tant qu'ils y feront ce qui
» est de leur devoir ; & à cet effet, seront
» reçûs & admis les advis qui seront trouvés
» justes & raisonnables en son Conseil, pour,
» sur iceux, prendre & percevoir les gages
» & appointemens qui seront attribués aus-
» dits Advocats & Procureurs des Pauvres.
» Fait au Conseil d'Etat du Roi, tenu à
» Paris le sixiéme jour de Mars mil six cent
» dix. *Ainsi signé* MALIER.

Ce sont les dispositions dont je propo-
serois le revouvellement, avec les change-
mens que la différence de tems pourroit
rendre nécessaires.

Si Sa Majesté le jugeoit à propos,

EDIT DU ROI,

Qui ordonne l'exécution d'un Arrêt du Conseil d'Etat, du 6 Mars 1610, & contient de nouvelles dispositions pour faire rendre aux Pauvres la même justice que celle que l'on rend aux Riches.

LOUIS, par la grace de Dieu, Roi de France & de Navarre : A tous présens & à venir, Salut. Henri IV, à qui ses grandes actions font tenir dans l'histoire des hommes le rang honorable destiné aux seuls qui, comme lui, s'occupent essentiellement du bonheur du monde dont ils font responsables, dans la place élevée où Dieu ne les met qu'à cette fin, voulant pourvoir à ce que la justice, cette importante charge des Rois, tenus de s'en acquitter également envers tous, se rendît aux Pauvres, à sa décharge, aussi bien qu'elle se rendoit aux Riches, ordonna, par un Arrêt rendu en son Conseil d'Etat le 6 Mars 1610, qu'en toutes les Cours, tant souveraines, ordinaires que subalternes de son Royaume, feroient commis & députés des Avocats & Procureurs pour les Pauvres, en tel nombre qu'il feroit avisé en son Conseil, selon

la grandeur & nécessité de chacune Cour
ou Siége , lesquels seroient tenus d'assister
de leurs conseils, industrie, labeur & vacation , les Veuves, Orphelins, Pauvres Gentilshommes, Marchands, Laboureurs, &
généralement les personnes réduites à telle
misere & nécessité , qu'elles n'avoient pas
moyen de poursuivre leurs instances, droits
& actions intentées ou à intenter, civiles
ou criminelles , sans néanmoins prendre
d'eux aucune chose, tant petite fût-elle , &
sous quelque prétexte que ce fût, sur peine
de concussion, se contentant de leurs simples gages , salaires & prérogatives qu'il
plairoit à Sa Majesté attribuer ausdits Avocats & Procureurs qui seroient commis &
choisis comme plus capables & gens de
bien, & iceux entretenus ausdites charges
tant qu'ils y feroient ce qui étoit de leur
devoir ; & qu'à cet effet, seroient reçûs &
admis les avis qui seroient trouvés justes &
raisonnables en son Conseil, pour , sur
iceux, prendre & percevoir les gages &
appointemens qui seroient attribués ausdits Avocats & Procureurs des Pauvres.
Les avantages que les Pauvres devoient se
promettre de ces dispositions, s'évanouirent
à la mort prématurée de ce Monarque de
glorieuse mémoire , qui ne put y mettre la
derniere

derniere main ; & une fois différée, l'exécution de l'Arrêt du 6 Mars 1610, tomba dans
le long oubli d'où nous voulons la retirer.
Nous regardons comme une faveur ménagée
de la Providence, d'avoir réservé à notre régne l'accomplissement d'une des meilleures
œuvres dont il puisse s'honorer, commencée
sous celui d'un des meilleurs Rois que la
France ait jamais eu. Par elle, non-seuleme nt
nous nous mettrons en état de délivrer les
Pauvres du joug de l'oppression, sous le
poids de laquelle ils gémissent depuis trop
long-temps ; mais nous préparerons encore
la voie aux mesures que nous entendons
prendre pour affranchir nos sujets de toutes
les autres sortes de pauvretés qu'il sera en
notre pouvoir d'écarter. Encouragé par nos
premiers succès dans cette matiere, succes-
sivement nos vûes se porteront sur tous les
besoins qui appelleront nos secours ; & nous
esperons que, par la suite, aucun ne les in-
voquera, qu'il ne se retire d'auprès de nous
satisfait de nos bontés. Nous en devons de
très - particulieres à un ordre de citoyens,
que leur attachement à notre personne, &
leur amour pour la gloire, rendent aussi
utiles à leur Roi & à leur pays, que la fureur humaine & l'injustice de l'ennemi les
rendent nécessaires, & nous les leur gar-

B

dons dans notre estime comme dans notre cœur. Communément les moins accommodés des biens de la fortune, il ne seroit pas juste qu'après avoir, comme les autres, contribué aux charges de l'Etat, après avoir, de plus, employé ce qui leur restoit à le défendre, après nous avoir si bien servi de leur tête & de leur bras, après, enfin, s'être sacrifiés & avoir journellement exposé leur vie pour Nous & pour leurs concitoyens, ramenés par la paix, que leur habileté & leur valeur nous auroient aidé à procurer, elle leur devînt funeste, & que loin d'en goûter les douceurs avec nos autres sujets, ils courussent le hasard de retrouver chez eux des risques qui les déconcerteroient plus que ne les épouvantent ceux qu'ils rencontrent dans nos Armées, ce qui pourroit leur arriver, si nous ne nous réservions les moyens de les mettre à l'abri d'un genre d'attaques indignes de leur courage. Etendant nos regards vers tout ce qui a sur notre cœur des droits aussi fondés que le font ceux des enfans sur le cœur de leur pere, Nous nous promettons des graces de Dieu que rien de bien à faire n'échapant à l'exactitude de nos recherches, nous parviendrons, par degrés, à opposer le reméde efficace à des maux où, peut-être, on foupçonnoit à peine la puiflance, même royale, d'en pouvoir apporter, Nous flattant par là de faire de notre régne le régne le plus glorieux, & de nos peuples les peuples les plus heureux. Rien de plus propre, ce nous femble, à nous faire atteindre promptement ce but, que la Loi des Pauvres bien entendue, qui, exécutée de même, fans quoi ce feroit une entreprife vaine, comme le deviennent les meilleures tentatives, que le même efprit qui les fit concevoir ne feconde pas, & étendue à propos à tous les cas que nous jugerons le requérir, conduira infailliblement à toutes les bonnes fins defirées, ôtera du cœur de plufieurs de nos fujets le fentiment amer d'une fituation fi douloureufe, qu'ils n'eftimoient pas que perfonne fur la terre voulût les en délivrer, ne leur permettra d'en conferver quelque fouvenir, que pour mieux jouïr de la fatisfaction de n'y plus être en proie, nonfeulement calmera les peines connues, mais encore s'infinuera, pour les adoucir, dans les plus fecrettes que nous pourrons découvrir, ira dans tous les ordres prêter notre appui aux foibles, notre bienfaifance aux néceffiteux, enfin, à la confufion de toutes les efpèces de mal-intentionnés, à l'étonnement de nos ennemis, qui comprendront, encore une fois, quelles reffources immenfes la France porte dans fon fein, ce qu'elle peut fe procurer, de qui & de quoi elle peut fe paffer, comment elle fait réparer les torts que l'on ofe lui faire, bref, quelle richeffe c'eft pour elle que de poffèder le cœur de fon Roi, la Loi que Dieu nous infpire, & les fuites que nous attendons de fa bénédiction qu'elle aura, deviendront pour nos peuples une fource de fecours intariffable, comme la charité qui en fait le fond ; outre les idées qu'elles pourront faire éclore, relativement à de nouvelles difpofitions, pour rétablir la confiance mutuelle entre les hommes, faire renaître l'encouragement avec l'efpoir, ranimer le commerce & les Arts, écarter d'entre nos fujets les difficultés qui les gênent, en un mot, redonner à tout ce qui en a befoin le mouvement & la vie qui lui font néceffaires. La multitude de vûes, la conféquence des motifs que notre intention renferme dans la Loi des Pauvres, l'économie des moyens que nous comptons appliquer, uniquement, à lui faire produire fon effet, & à en affûrer la durée, proportionnés à la nature & aux forces de la chofe à qui nous prétendons les demander, aux befoins de celle qui les exige de nous, à l'ufage que nous en voulons faire, & envifagés fous un égal afpect, avec les autres intérêts, tant généraux que particuliers, de Nous & de nos peuples, de maniere que les avantages ou les incon-véniens à faire ou à ne faire pas, exacte-ment balancés, le poids des premiers fe trouve de beaucoup l'emporter fur les derniers, doivent pour cette Loi des Pau-vres, par laquelle nous commençons l'exé-cution du plan que nous formons fur ces divers objets, envoyer au Ciel de très-humbles actions de graces rendues à Dieu ; faire retentir la terre des plus profonds re-mercimens à Nous mérités ; attirer aux coo-pérateurs le tribut des plus juftes louanges qui leur font dûes ; lui concilier la bienveil-lance des riches, captiver la reconnoiffance des pauvres, l'accorder avec les vœux pu-blics, affûrer à nos opérations les fuffrages les plus univerfels ; faire enfin éclater tout d'un coup l'acclamation de tous les bons. A CES CAUSES, & autres à ce Nous mouvans, de l'avis de notre Confeil, & de notre certaine fcience, pleine puif-fance & autorité royale, Nous avons par le préfent Edit perpétuel & irrévocable, dit, ftatué & ordonné, difons, ftatuons & ordonnons, voulons & nous plaît ce qui fuit.

ARTICLE PREMIER.

Nous mettons sous la protection spéciale de Nous & de nos successeurs Rois de France, nos sujets pauvres plaideurs.

II.

L'Arrêt du Conseil d'Etat, du 6 Mars 1610, portant institution des Avocats & Procureurs des Pauvres, & étant sous le contre-scel du présent, sera exécuté selon sa forme & teneur, en ce en quoi ci-après il ne sera rien prononcé de contraire à icelui.

III.

Pour obvier aux longueurs, embarras & autres inconvéniens du choix ordonné par l'Arrêt du 6 Mars 1610, être fait entre les Avocats & Procureurs des plus capables & gens de bien, prévenir, dans une si grande foule, les surprises auxquelles les choix exposent presque toujours les supérieurs, la cabale, la brigue, l'intrigue, le caractère masqué, trompant souvent leur bonté, & en imposant quelquefois à leurs lumieres, aller, le plus que nous le pourrons, audevant de tous genres d'obstacles, dans l'exécution d'une Loi qui ne peut assez-tôt avoir son effet ; ne point jetter de nouvelles semences de jalousie dans de grands corps composés de membres que nous souhaitons être tous aussi dignes que chacun s'estime l'être en son particulier, couronner la vertu des anciens, exciter le zéle & l'émulation des jeunes à les imiter ; tous les Avocats & tous les Procureurs, jouissant de leur bonne réputation auprès des Magistrats , de leurs Confreres & du Public, serviront les Pauvres dans leurs affaires , du même ministere que celui qu'ils prêtent aux Riches dans les leurs, n'en excluant que ceux qui auroient eu le malheur de se faire mal noter ; & encore, à l'égard de ceux d'entre ces derniers dans qui on découvriroit un changement sincère , invitant les Magistrats & leurs Confreres à user d'indulgence , à les admettre à l'épreuve , à consentir qu'ils s'efforcent, en concourant avec les autres , & d'autant mieux que leur situation est plus critique, au bien des affaires des Pauvres, d'acquérir l'oubli du passé , voulant absolument n'écarter d'une si sainte action , que ceux de qui raisonnablement on ne peut plus espérer rien de bon , & de qui par conséquent on auroit justement lieu d'en craindre la prophanation.

I V.

Pour obvier pareillement aux longueurs, embarras & autres inconvéniens qu'emporteroit nécessairement avec soi le tarif des gages, salaires & appointemens qui devoient, suivant le même Arrêt du 6 Mars 1610, s'attribuer aux Avocats & Procureurs des Pauvres, à cause de la quantité de Cours & de Jurisdictions, & de la grande différence de droits en icelles, par le même esprit de célérité que celui sur lequel Nous nous sommes suffisamment expliqué en l'article précédent, & exhortons tous les ordres judiciaires à nous seconder, pour d'ailleurs n'apporter aucune altération à des établissemens que le bien même de ce que nous avons en vûe, d'accord avec les autres intérêts de l'État, nous oblige de laisser subsister, au moins pour le présent, les frais feront, dans les affaires des Pauvres, les mêmes qu'ils font dans les affaires des Riches ; & Nous nous en chargeons, comme Henri IV, d'heureuse mémoire, par le susdit Arrêt du 6 Mars 1610, devoit se charger des gages, salaires & appointemens de leurs Avocats & Procureurs ; Nous chargeant de plus, comme nous mettant totalement en leur place, quant à ce, de ceux ausquels, par événement, ils pourroient être condamnés envers leurs Parties adverses.

D'une

V.

D'une part, le vrai moyen de nous rendre utile à nos Peuples, & de venir heureusement à bout d'adoucir tous leurs besoins, les uns après les autres, consistant à ne nous pas fouler pour en soulager un, & à ne nous pas surcharger dans celui par où nous commençons, sous le nouveau point de vûe que nous nous formons ; d'une autre part, les Pauvres à qui nous nous substituons ici, devant aux Riches la même justice que celle que nous exigeons des Riches à leur égard ; il n'y aura plus de faux-frais dans les affaires des uns contre les autres ; & ce que l'on connoît de légitime, sous cette dénomination, se comptera respectivement en frais dans toutes lesdites affaires.

V I.

On se contentera de ce que nous payerons, conformément aux articles ci-dessus, sous les peines portées en l'Arrêt du 6 Mars 1610.

V I I.

Nous chargeant & nos successeurs Rois de France, des frais des affaires des Pauvres, le cas des demandes en distraction de frais n'écheoira plus dans lesdites affaires, parce que ce ne sera plus celui d'empêcher les Pauvres de les toucher, ni par conséquent de les faisir fur eux , appartenant de droit , comme de fait , à ceux qui les auront fervi de leur miniftere : les chofes , au furplus , demeureront en leur entier , à cet égard , dans les affaires où il arriveroit que les Riches obtinflent quelques condamnations de frais contre les Pauvres.

VIII.

Par la même raifon , que nous nous chargeons & nos fuccefleurs Rois de France , des frais des affaires des Pauvres , tant envers ceux qui les ferviront de leur miniftere , comme nous les fervons de notre autorité , qu'envers ceux qui pourroient en obtenir quelques condamnations contr'eux , que nous mettons leurs perfonnes fous la protection fpéciale de Nous & de nofdits fuccefleurs Rois ; que leurs intérêts , par là , nous deviennent plus facrés que jamais , & doivent nous regarder , au moins , autant que s'ils nous appartenoient ; lefdites affaires des Pauvres fe fuivront , en tout , en la maniere accoutumée , comme fi c'étoient les nôtres propres ; exhortant à cet effet tous les Ordres Judiciaires à redoubler de vigilance , & fingulierement chaque Avocat & chaque Procureur employés au fervice des Pauvres , à s'y animer par la confidération que nous les regardons comme devant tenir

lieu aux Pauvres, dans leurs affaires, de ce
dont nous tiennent fi bien lieu dans les nê-
tres nos Avocats & nos Procureurs Généraux, à qui toutefois ils demeureront au
furplus fubordonnés.

I X.

Ne voulant pas plus qu'à l'ombre de la
protection de Nous & de nos fuccefleurs,
les Pauvres, par humeur, malice, paffion,
haine, vengeance, intérêt, envie, qu'ils
portent naturellement aux Riches, foient
tentés de les vexer, parce qu'en ce cas ce
feroient les Riches qu'il faudroit que nous
protégeaffions, que nous ne voulons que
ceux-ci, fous prétexte de leur fortune, à
l'ombre de la puiffance, de la confidération
& du crédit qui en font les fuites, par ca-
price, hauteur, animofité, goût pour la
domination, acharnement à perdre ceux
qui ofent leur réfifter, même avec fondement, pente à s'approprier les droits, comme dans d'autres circonftances on incline à
fubjuguer les opinions, dédain naturel de
la pauvreté, cédent au cruel plaifir de tour-
menter les Pauvres; pour à quoi obvier,
nous nous déclarons leur appui, voulant
rétablir la plus parfaite harmonie dans toutes les parties de nos Etats, & la remettre
fingulierement entre tous ceux qui ne doi-

vent avoir recours aux voies de la Justice, qu'en vûe de la Justice même ; comme aussi par le même principe économique que celui expliqué en l'article V, ainsi que par la régle d'équité qui nous fait tenir par tout le poids égal entre le Pauvre & le Riche, & qui dirigera toutes nos démarches dans le présent établissement & dans ses suites, ne voulant pas que des fonds destinés à de vrais Pauvres, s'enlevent par des Pauvres simulés, ni qu'au lieu de s'employer aux soutien des bonnes affaires, ils se dissipent à l'injuste poursuite de mauvaises contestations ; on ne se chargera des affaires des Pauvres, à nos risques, que quand leur état & leur droit seront suffisamment constatés, à peine de privation ou restitution d'honoraires, & de frais, salaires & vacations, même de répondre de ceux dont les adverses pourroient obtenir condamnation, en cas de contravention où on démêlât, avidité de gain, défaut de délicatesse dans les moyens, dessein formé de se procurer une double sûreté de son payement ; caracteres ausquels nous nous flattons si fort de ne jamais reconnoître les Avocats & les Procureurs des Pauvres, que pour leur donner des marques redoublées de notre extrême confiance en eux, du fond que nous faisons

fur leur intégrité, Nous nous en rapportons
affez à leur fincere retour pour notre eftime,
à leur prudence & à leur charité, pour les
autorifer à ufer d'autant d'indulgence dans
l'admiffion des perfonnes, que nous leur
recommandons d'attention dans l'examen
des affaires ; point fur lequel nous n'entendons nous relâcher de quelque chofe, que
dans le feul cas exprimé ci-aprés.

X.

Entendons comprendre dans les difpofitions du précédent article, d'autres difpofitions fur lefquelles, par la fuite, nous ferons plus amplement connoître nos intentions à nos Cours, pour qu'au nom de débiteurs de mauvaife foi, on ne fatigue plus
de légitimes créanciers ; & auffi, pour qu'au
nom de créanciers inexorables, on n'acheve
plus de ruiner de malheureux débiteurs,
qui pourroient encore trouver quelques
reffources dans leurs affaires, fi la chicane
n'employoit toutes les fiennes à les leur
enlever.

X I.

Entendons pareillement comprendre
dans les difpofitions des deux précédens
articles, d'autres difpofitions, fur lefquelles, par la fuite, nous ferons auffi plus amplement connoître nos intentions à nos

Cours, pour pourvoir à différens autres genres de vexations, notamment pour que ce ne soit plus sans effet que nos prédécesseurs ayent chassé un peuple réprouvé, que malheureusement plusieurs n'imitent que trop dans ses extorsions, la chicane effrénée & l'usure énorme étant deux excès qu'il est digne d'un Roi de France Très-chrétien de réprimer dans ses Etats, l'une & l'autre produisant à peu près les mêmes maux, & souvent même s'entredonnant le jour.

X I I.

Si deux Parties, dont la pauvreté seroit constatée comme nous le prescrivons, Art. IX, demandoient à être reçûes pour plaider l'une contre l'autre sous nos auspices, conformément au même Article, le droit le plus évident aperçû seroit celui dont on prendroit la défense, & la Partie adverse seroit amiablement & charitablement exhortée à s'accommoder.

X I I I.

Si une Partie de la susdite qualité ainsi vérifiée, se présente pour être admise comme dessus, à plaider contre nous, suivant que nous l'avons annoncé à la fin de l'Art. IX, elle y sera reçûe, si sa prétention n'est pas évidemment insoutenable, pour que son droit soit tout-à-fait éclairci, ou que le

nôtre demeure d'autant plus conſtant, obli-
geant les Juges par leur ſerment, à pronon-
cer en toute rigueur entre le Pauvre &
Nous, ou même à plus incliner pour lui
qu'en notre faveur.

XIV.

Nul bon établiſſement conçû ne pouvant
ni naître, ni croître, ni durer, que l'on ne
commence par l'enrichir de fonds dont la
ſource ne ſoit point expoſée à ſe tarir, notre intention étant bien formelle que celui
dont il s'agit ici ait tout ſon effet dans ſon
principe & dans ſes conſéquences, pour le
préſent & pour l'avenir; cela ne pouvant
être qu'à l'aide de deniers toujours renaiſ-
ſans, nous en enviſageons de cette nature
qui ne fouleront nullement nos peuples,
dont les Pauvres n'auront lieu de s'apercevoir que par les avantages qui leur en
reviendront, qui ne fatigueront point ceux
d'entre les Riches qui s'y trouveront intéreſſés, que nous tirerons de la qualité même de la choſe pour les y faire rentrer, les
en faire reſſortir encore, les y rétablir de
nouveau, & ainſi à perpétuité, au grand
profit de ceux au ſoulagement de qui ils
feront uniquement conſacrés, & que nous
verſerons dans une Caiſſe royale & géné-
rale des Pauvres, établie à Paris, à laquelle

répondront les Caisses royales & particulieres des Pauvres établies dans les différentes parties de notre Royaume où l'exécution du présent Edit les rendra nécessaires:
Et en attendant que le denier royal des
Pauvres y ait suffisamment déposé, nous
la munirons de ce qui sera certainement le
plus capable de s'acquérir l'entiere confiance des Avocats & des Procureurs des
Pauvres, de tout l'Ordre Judiciaire, de
tous nos sujets mêmes, & le plus propre à
faire regarder la Caisse des Pauvres, comme ce qu'il y a de plus solide, de plus utile,
de plus digne de s'accréditer, & de la faveur publique, étant le lieu où nous comptons amasser les moyens que nous ferons
ensuite circuler dans toutes les parties souf-
frantes de nos Etats.

X V.

La Caisse des Pauvres avancera d'abord
ce qu'il faudra pour les déboursés dans leurs
affaires, mais ne soldera les gains qu'à la fin
desdites affaires, nous réservant de distin-
guer & de récompenser aussi honorablement
que lucrativement, ceux qui y auront ap-
porté le plus de soin & de diligence, & auront le mieux vaqué à la bonne instruction
& à procurer le droit Jugement.

X V I.

N'étant point de la nature de l'esprit humain, des circonstances de la vie, des passions des hommes, de la diversité de leurs intérêts, qui fait communément celle de leurs vûes, de la multitude des affaires, de la complication qui se rencontre toujours dans celles d'un grand Royaume, de la différence même des opinions, que les meilleures choses rapelées des anciens, reçoivent des premiers essais toute la perfection dont le fond les rend susceptibles par la suite, la difficulté étant de les mettre au ton de la Nation, de les rendre harmoniques avec les autres piéces de l'Etat; d'après ces justes idées, l'établissement dont est question, parce qu'il embrasse le présent & l'avenir, contient des objets déterminés, & d'autres du moins aussi essentiels à déterminer, étant de la qualité de ceux où on ne peut en une fois prévoir tout ce qu'il faudroit, tout ce qu'il ne faudroit pas, tout ce qui leur seroit propre, tout ce qui leur seroit contraire : Nous nous réservons de pourvoir, tant à ce à quoi nous n'aurions point assez pourvû, qu'à ce sur quoi nous n'aurions point du tout statué par le présent Edit, pour faciliter son exécution, aux chefs positifs y exprimés, & aux chefs extensibles que nous y avons seulement indi-

qués ; & cependant, dès-à-présent, il sera
exécuté selon sa forme & teneur aux susdits
premiers chefs, & l'admission des personnes & des affaires des Pauvres en notre
protection, marchera de pas égal avec l'Edit qui la prononce, recommandant cette
bonne œuvre & ses suites aux prieres de
notre Royaume, jointes à nos vœux ardens
pour le succès, si c'est la volonté de Dieu
qu'elle réussisse. Si donnons en mandement &c.

Je suis bien éloigné de penser que l'Edit
dût se rédiger précisément de cette façon,
si l'autorité royale y imprimoit son caractere.
Je ne prétens point ici au titre de Rédacteur
de Loix : j'avouerai volontiers que l'exposé
pourroit être plus concis, les motifs plus simplifiés, les dispositions plus courtes, outre les
jours que l'on répandroit où ils manquent.
Il est des endroits où j'ai crû ne devoir
point me permettre plus d'explications. Ce
ne sont que des idées, & ce seroit une Loi
s'il plaisoit à Sa Majesté ordonner qu'il en
fût fait quelque chose. Quant aux endroits
où je me suis étendu, on sent que c'est pour
faire connoître, tant que je puis, les raisons
que j'imagine qu'il y a de faire. Les moyens
dont je dis peu, sont laissés à de plus habiles, & aux Puissances. Au reste, si je suis
plus heureux dans mes conceptions du côté

du fond, que je ne le suis du côté de la forme dans l'exécution, c'eſt ce qu'il ne m'ap-
partient point de décider. Je ne décide que
de la droite intention dont je réponds.

Une Loi qui mérite d'être connue, où
un Souverain étranger penſa un peu comme
Henri IV a beaucoup penſé depuis, pré-
ſente l'idée de ce qui feroit à faire, en attendant qu'il plût à Sa Majeſté de faire connoître ſa volonté ſur la Loi des Pauvres, ſi
les Parties intéreſſées vouloient, pour leur
plus grande gloire, & pour leur plus grand
avantage réciproque, s'entendre, ſe réunir,
ſe prêter à ce que dès-à-préſent les Pauvres,
entendus comme les entend le plan d'Edit,
reçuſſent dans leurs affaires, enviſagées ſous
le même point de vûe que celui ſous lequel
on les y conſidere, les premiers ſecours
qu'ils pourroient eſpérer des Magiſtrats zé-
lés pour l'adminiſtration de la Juſtice, d'un
ordre honorable zélé pour la défenſe des
malheureux, des membres qui font corps
avec ceux de cet ordre, & qui partagent
leurs travaux & leur zéle, enfin de tous
ceux dont la charité peut avoir quelqu'em-
ploi dans les affaires judiciaires. Le Parlement de Paris, à qui ſes Rois ont donné
l'exemple, eſt bien digne de le rendre à
leurs peuples : qu'il faſſe crédit de ſes droits
aux Pauvres, on s'empreſſera de l'imiter;

& bien-tôt les Etats du Roi seront couverts
de Juges équitables, de défenseurs éclairés,
d'instrumens habiles de toute nature, en
mouvement pour le service des Pauvres, &
de Pauvres reconnoissans dont on aura fait
le bonheur, & dont la félicité ira par tout
relever avec éclat le prix du bienfait. Voici
la Loi dont je parle.

» Statuts & Ordonnances touchant le
» stil & maniere de procéder, & l'admi-
» nistration de Justice devant & par les
» Courts & Justices Séculieres du pays de
» Liége, de Révérendissime & illustrissime
» Seigneur Monseigneur Gerard de Grois-
» beeck, Evêque de Liége, Prince du
» Saint Empire, Duc de Bouillon, Mar-
» quis de Francimont, Comte de Looz,
» &c. avec la Table des Chapitres & Titres
» d'iceux Statuts & Ordonnances. A Liége
» chez Henri Hovius, Libraire-juré de sa
» Grace Révérendissime, tenant sa Bouti-
» que devant le Palais Episcopal, avec
» Privilége de sa Grace Révérendissime,
» 1572. *Pages* 30 & 31. *Réformation de la*
Justice : des Procureurs & Avant-Parliers,
Chap. III. Art. 2.

» Seront aussi tenus de servir & assister
» les Pauvres en leur bon droit, sans pour
» ce recevoir aucun salaire, quand par le
» Juge sera ainsi ordonné.

Art. 3. » Et auront les Parliers, dès le
» jour de leur service, hypothéque sur les
» biens & droicts de tel Pauvre litigant,
» pour recouvrer leurs droicts & salaires.

Le Procureur est le principal instrument
des affaires ; c'est le personnage intermé-
diaire entre tout ce qui y a rapport. Les uns
l'appellent à eux, les autres s'adressent à
lui ; il communique avec tous. Tenu de
presque tous les déboursés, des consulta-
tions, des plaidoiries, des honoraires des
écritures, des mémoires des Avocats, des
vacations, des épices des Juges, des levées
& coûts des Jugemens, des significations
des procédures, des Exploits des Huissiers,
des droits des Greffiers, des extraits des
Sécretaires, des avances, pour ainsi dire,
innombrables de toutes natures ; quel qu'il
fût, il ne pourroit porter seul le faix des
affaires des Pauvres. Le parti qu'il prend
dans cet état d'impuissance absolue, est de
n'en point mettre le fardeau sur ses épaules ;
& le Pauvre reste oublié, & il languit, & il
meurt : & c'est pour cela que je sollicite le
fort, le Roi, que je sollicite le plus fort
après le Roi, qui lui a fait passer une partie
de sa vertu, comme une pierre très-pré-
cieuse communique de la sienne à un mé-
tail très-utile, que je sollicite, dis-je, le Parlement de venir à son secours, de ne pas le

laisser périr de misere. Il est si beau de faire le bien ! Heureux qui se sert des moyens qu'il en a ! Les bons obéissent aux vertus, comme les vices commandent aux méchans. Le Roi est bon, le Parlement suit son modéle : Pauvres, que ne devez-vous point esperer ? Hélas ! Sa Majesté, sans doute, n'a besoin que de connoître le vôtre, pour le faire cesser ; & en attendant, le Parlement l'adoucira.

L'Avocat qui a un si grand soin de sa gloire, le Procureur qui est si attaché à son honneur, leur Communauté toujours si obéissante aux Arrêts de la Cour, toujours si attentive à ses moindres ordres, qui fait déja tant d'autres sortes de biens, dans le sein de qui les Pauvres puisent déja tant d'autres espéces de secours, seroient les premiers, incontestablement, à se soumettre à l'Arrêt de crédit du Parlement, à se dévouer au service des Pauvres, à leur donner aide & conseil, à les assister des fonctions de leur ministere, à leur prêter leur temps, leurs honoraires, leurs salaires, à leur faire crédit enfin de tous les gains & de tous les bénéfices qui font leur lucre comptant dans les affaires des Riches.

De près, plus que probablement, succederoit à leur accession à l'Arrêt de crédit général, celle de ce grand Corps qui per-

çoit des droits en finance dans les affaires,
contre qui on ne crie que de défefpoir de
ne pouvoir être taxé à même prix, contre
qui on ne s'éleveroit plus tant fi on en deve-
noit membre, fur le compte de qui de bons
efprits ne prennent point les imputations
vagues, les clameurs vulgaires, les préjugés
d'un peuple mal inftruit, les propos des
envieux, les calomnies des ennemis, encore moins les difcours des railleurs, les
forties des mauvais plaifans, pour régle de
leurs fentimens & de leur eftime. Ces bons
efprits ne reprochent point au Corps le fafte
infultant, les imprudens écarts de quelques particuliers étourdis, êtres non pen-
fans, qui s'égarent, qui fe perdent dans le
tourbillon des richeffes dont l'éclat les
éblouit, & qui, avec même fortune, dés-
honoreroient également tout autre état par
leurs déréglemens, par un luxe qui offenfe,
par la dépenfe la plus indifcrette. Les bons
efprits favent, les efprits judicieux convien-
nent, l'ami de la vérité foutient que la fa-
geffe préfide aux affemblées de ce grand
Corps, affifte à fes confeils, dirige fes déli-
bérations. Il faut bien que cela foit, pour fe
conferver la fuprême confiance, pour réfifter
à la haine publique, pour tenir même contre
la jaloufie de plus grands. Les meilleures

têtes sont l'ame de ses opérations. Convaincue de ses vrais intérêts, que l'expérience, les plus profondes réflexions actuelles sur le passé, le coup d'œil le plus pénétrant dans l'avenir, lui apprennent à connoître, cette Compagnie éclairée se juge souvent elle-même au lieu de se faire juger, & plus rigoureusement que d'autres ne la jugeroient. Plus humaine qu'on ne le dit, plus sensée qu'on ne le croit, d'après la fâcheuse impression prise dans les torts de ceux qui n'en ont que de trop réels, la Compagnie juge presque toujours à la décharge, ou au moins à la diminution de charge du malheureux contrevenant qu'on la soupçonne, qu'on l'accuse mal-à-propos de vouloir écraser. Que ne doivent point attendre les Pauvres d'une Compagnie si riche & si bien disposée, où les bons dominent, conduisent les voix, gouvernent les suffrages, veillent, travaillent au plus grand bien de tous ? Certes on ne la reconnoîtroit pas au defaut d'accession à l'Arrêt de crédit.

En attendant l'Edit que la charité a droit d'espérer de la religion du Roi, en attendant l'Arrêt que la charité se croit fondée à espérer de la compassion du Parlement, en attendant l'accession en corps, dont la charité prétend justement que sont tenus plus que personne les Avocats & les Procureurs

reurs par état, les Financiers pour faire fup-
porter leur fortune , en attendant le crédit
univerſel que la charité oſe demander à tous
les Tribunaux Laïcs & autres, à tous les
Officiers de ces Tribunaux , à tous les
intéreſſés dans ces Tribunaux , la charité
crie à ſes enfans , comme la ſageſſe crioit
aux ſiens du temps de Salomon, elle crie
dans les rues , elle crie dans les maiſons,
elle crie dans les villes , elle crie dans les
campagnes , en la perſonne des Pauvres :
Vous qui pouvez autant que vous devez ,
faites ce que vous pouvez : Vous qui ne
pouvez autant que vous voudriez , faites ce
que vous pouvez : aſſociez-vous pour le
bien. Les bonnes actions rapportent au cen-
tuple ; on regagne bien ſon principal ; on
retrouve bien ſon intérêt. Que les bons
effets de votre conduite particuliere appellent ceux des conduites générales ; & qu'a-
voués par Sa Majeſté , favoriſés par les
Cours, ils déterminent tous les autres , &
obligent les moins bien intentionnés , par
la confuſion dont ils ſe couvriroient s'ils ne
reſſembloient point aux bons. Que les Pauvres vous doivent les prémices des ſecours,
& que le ſurplus germe dans ces prémices.

La charité frape à toutes les portes , parle
à la Nobleſſe & au Peuple , dit à l'Egliſe,

D

dit à l'Epée, dit à la Robe, dit à ce quatriéme état qui s'est formé dans les trois autres, s'adresse à tous, arrête les passans, interroge ceux qu'elle rencontre, questionne, presse, s'écrie : Qui me secondera sur la terre, aujourd'hui que j'en suis presque bannie, que l'impiété semble triompher, qu'elle m'attaque, & les autres vertus, jusqu'au Ciel ; aujourd'hui que les vices ont endurci le cœur de leurs partisans, que la corruption des mœurs, pour le supplice des hommes, a fait naître parmi eux de nouveaux besoins que l'on ne peut satisfaire que par de nouvelles espéces de crimes; aujourd'hui que les Pauvres sont & en plus grand nombre & moins secourus que jamais ; aujourd'hui enfin que la pauvreté, pour ainsi dire, est en horreur comme la mort !

Ceux que les perverses maximes de tous les temps, & singulierement les pernicieux principes du siécle, n'ont point encore séduits ; ceux à qui certains enchanteurs, trompeurs, hardis & perdus, infectés du plus mortel venin, n'ont pû faire accroire encore que nous pouvons tout attirer à nous, sans rien rendre à quoi que ce soit dans l'univers ; les saints Prélats, les pieux Magistrats, tous les cœurs droits & éclairés des

vraies lumieres, feconderont de leurs vœux
& de tout leur pouvoir, les vœux, les de-
firs ardens de la charité, & porteront la
connoiffance des befoins des Pauvres aux
pieds du Thrône du Roi, qui a pour fondement la miféricorde & la juftice.

REMARQUES.

A.

Sur le Titre.

1.

Il promet aux Pauvres la même juftice
que celle que l'on rend aux riches. La fuite,
je crois, met fur la voie. Il s'agit d'effec-
tuer. Ce n'eft pas toujours la faute des
chofes, fi ce qui eft propofé manque.

2.

Le fecours que le titre annonce aux Pauvres ou Riches fictifs, dériveroit naturellement du premier deffein, fi on vouloit
commencer par faire produire fon effet à
ce premier deffein, puis en étendre les vûes
à ces Pauvres ou Riches fictifs. Beaucoup
de bonnes maifons qui fouffrent ce que
l'on fait, pour n'avoir point à fe ranger fous
un pareil abri, font plus en état que qui
que ce foit, par ce qu'elles fentent, de
dire ce qu'elles penfent de ce plan. C'eft

ce qu'elles defiroient & ce qu'elles n'ont pas : & elles font ruinées.

3.

Un des effets du plan devant être de contenir les Riches & les Pauvres fur le fait de la chicane, comme il eft fingulierement porté, Article IX de l'Edit, & indiqué aux Articles X & XI, point de difficulté que le nombre des mauvais procès diminueroit, d'autant de celui des procès de cette qualité que le Riche oferoit moins intenter contre le Pauvre, outre l'influence de l'exemple dans les affaires de Riches à Riches, & le point de perfection où une bonne exécution, avec le tems, peut porter cet objet.

4.

D'où par fucceffion il arriveroit, autant que le pourroit comporter ce fiécle, que l'adminiftration de la Juftice, qui n'a pas été établie pour tomber dans le cahos dont elle a tant de peine à fe dépêtrer aujourd'hui, ratrapant quelque chofe de fon ancienne fimplicité, fe raprocheroit à l'égal de fes premiers principes. Mais il faut commencer par commencer, s'il m'eft permis de m'exprimer ainfi, pour parvenir au terme, fans quoi, de progeffion en progeffion, graces à la cupidité, les défordres nés s'enracinent, fe naturalifent, prennent la place de l'esprit institutif, le font perdre de vûe, & de la meilleure chose en font une des plus mauvaises : alors la cure du mal devient bien plus difficile ; c'est ce que la sagesse doit prévenir.

5.

En travaillant d'après Monsieur de Laujorrois, & en faisant porter mon travail sur le même fondement, je crois me conformer à une maxime qui me paroît capitale ; qu'en politique comme en bien d'autres choses, il vaut mieux tirer parti des choses établies, que d'en établir de nouvelles. Les choses purement nouvelles bouleversant trop les idées dans lesquelles on a été élevé, changeant trop les allures ausquelles on est accoutumé, ont de la peine à prendre. Les choses nouvelles cheminent mieux, étayées des anciennes. C'est ici que la vieillesse doit servir de bâton à la jeunesse. On se croit encore sous la domination des choses anciennes, que l'on obéit déja aux nouvelles. Où la droite intention commence bien, l'habileté finit de même.

B.

Sur la Dédicace.

Je la fais à ceux que la réussite intéresse le plus.

C.

Sur la Préface.

Si le succès répondoit à mes vœux, je pourrois en dire davantage.

D.

Sur le corps de l'Ouvrage.

1.

Je rapporte le titre entier du Livre de Monsieur de Laujorrois, pour que l'on puisse, si on le juge à propos, aller chercher à leur source les motifs, les moyens.

2.

Je transcris tout au long l'Arrêt du Conseil d'Etat de Henri IV, du 6 Mars 1610, comme étant ce qu'il y a de meilleur dans mon édifice.

3.

L'autorité royale peut tout ce que l'Edit promet & ordonne : il s'agiroit de le faire exécuter.

Les Rois sont les Oints du Seigneur. Respectons en leur personne la Divinité dont ils sont les plus vives images. J'ai la plus haute opinion d'eux & de leur miniſtere. Que ne peuvent-ils pas de bien, quand ils le veulent ? Que ne peuvent pas ſurtout les Rois de France, toujours maîtres d'un peuple tel que s'ils regnoient à leur choix, ils le choiſiroient entre tous les peuples pour lui commander ? Que ne vois-je point faire à Saint Louis, à Charles V, à Louis XII, à Henri le Grand ? Les François ſont, ſans contredit, les ſujets les plus dociles, les plus affectionnés à leurs Souverains, les plus dignes d'être gouvernés par des Rois. Ils ſe laiſſent aiſément conduire au bien qu'ils connoiſſent, qu'ils aiment : & Louis XV eſt le Roi Bien-aimé des François.

4.

Je rapporte le titre entier des Ordonnances de Liége, & je tranſcris les articles concernant le crédit, comme j'ai rapporté le titre du Livre de Monſieur de Laujorrois, & comme j'ai tranſcrit l'Arrêt du 6 Mars 1610, pour indiquer les ſources & pour faire connoître les autorités.

5.

Les Rois, entre tous les hommes, ſont les plus vives images de Dieu. Les Magiſtrats, entre tous les ſujets, ſont les plus vives images des Rois, qui leur confient une portion de leur autorité, qui leur donnent le pouvoir de faire du bien, comme ils en ont déja la volonté. Entre toutes les Cours Souveraines, le Parlement de Paris tientle lieu le plus éminent. Voilà dans quels Tribunaux se porte la cause des Pauvres (Pourroient-ils la perdre ?) devant Dieu, l'Etre le plus souverainement & le plus nécessairement bienfaisant : devant le Roi qui l'imite de tout son pouvoir dans sa bienfaisance : devant les Magistrats qui imitent la bonté du Roi autant qu'ils doivent : devant le Parlement de Paris, si distingué par sa vertu. C'est la cause de l'humanité, elle doit intéresser tous les bons.

L'autorité royale peut tout ce que l'Edit promet & ordonne ; & en attendant, celle des Cours peut procurer le crédit.

6.

Je loue plus que je ne blâme ; je crois en cela me conformer encore à une maxime qui me paroît essentielle : Qu'en honnêteté, humanité, saine politique, &c. on gagne plus sûrement les hommes par des louanges que par des blâmes, le blâme irritant & poussant au mal, autant que la louange flatte & excite au bien. Dites au traître que son complot est découvert, que vous savez

qu'il

qu'il doit vous deſſervir demain ; il ſe ſeroit contenu juſques-là ; d'ici-là , quelqu'inci-dent auroit pû vous mettre à couvert de ſon mauvais deſſein : piqué de vos reproches, il ne garde plus de meſures ; il vous fait dès aujourdhui tout le mal qu'il peut. Dites à un homme de bien que ſes belles actions trom-pent ſa modeſtie, que malgré lui vous êtes inſtruit de ce qu'il vient de faire d'avanta-geux pour vous : porté par ſon devoir, il eût continué de bien faire ; enchanté de vos louanges, il fera mieux encore.

7.

Je loue un grand corps de Financiers. Le cas paroîtra peut-être un peu extraor-dinaire ; la critique contre lui eût pû ſe faire mieux accueillir : mais je ne ſacrifie point aux opinions populaires , au point de leur immoler la vérité que je penſe con-noître. Je ne me permettrois pas plus de craindre de ce grand Corps, en lui refuſant la juſtice que je lui rens, ſi je me comptois tenu de le faire , que je ne me permets d'en eſpérer en la lui accordant, m'y croyant fondé, & par conſéquent obligé. Des per-ſonnes à qui je dois la foi autant que je dois les eſtimer inſtruites & incapables d'en im-poſer , m'ont atteſté que ce Corps mérite cette justice, les choses s'y passant comme je les ai rapportées.

8.

Si j'aime les personnes, on doit s'apercevoir combien je hais la chicane. Il est vrai que je lui en veux ; & beaucoup.

Depuis trente ans entiers tous les jours je la vois,
Et crois toujours la voir pour la premiere fois.

Le Grand Condé.

Vainement la chicane me promet-elle ma fortune, je ne puis la recevoir de sa main.

La chicane est l'art affreux par lequel des hommes habiles abusant des talens que Dieu leur a confiés, & dont ils pourroient faire un meilleur & plus honorable usage, savent adroitement, sous le manteau de la justice, au mépris hardi de ce que les Loix ont de plus inviolable, de ce que l'humanité a de plus sacré, attirer à eux les dépouilles de tous les misérables que leur mauvais sort précipite dans leurs mains, & pour qui ou contre qui ils s'emploient immodérément.

Que j'en connois d'aimables, de spirituels, sur qui ce monstre n'a point d'empire! Estimés dans leur Corps, estimés dans tous les ordres, c'est la vertu que l'on respecte en eux,

§. 9.

Je n'ai garde de me mesurer avec ces puissans génies, l'étonnement de leur siécle, qui voient tout en grand. Je me renferme dans les bornes étroites de mes connoissances, dans le cercle de ma profession : mais, autant que je puis, je décris ce cercle, & je confesse que j'y ai plus d'une vûe. Le champ est plus vaste qu'on ne le soupçonne peut-être. Si l'autorité royale daignoit y entrer, si les Magistrats daignoient en favoriser la culture, il y a à défricher, il rapporteroit des fruits qui n'y croissent point encore. Aujourdhui il s'agit de la Loi des Pauvres.

Si cette Loi passoit, avec tous les accompagnemens que je lui souhaiterois , elle pourroit devenir un arme victorieuse de la chicane , dont on cherche à restreindre l'avidité. L'édifice écroule, si elle ne passe pas : elle auroit été la base.

§. 10.

Prévenir tous les genres de vexations possibles, tant du Riche au Pauvre, que du Pauvre au Riche ; pourvoir à tous les genres de besoins possibles ; aux besoins du Pauvre qui ne peut former une juste demande contre le Riche, ou se défendre d'une demande injuste que celui-ci forme contre lui ; aux besoins du Créancier, qui ne se

ruineroit plus en croyant se faire payer, à
ceux du Débiteur, que la procédure écrase
de tous côtés, bien-loin de le libérer ; aux
besoins du Marchand, gêné dans son commerce, assailli au nom de ceux à qui il a
affaire, & qui succombe, comme on se noie,
après s'être long-tems & vainement fatigué
à se débatre dans l'eau ; aux besoins de tous
les états ; aux besoins du Laboureur, que
l'on réduit, sans en être plus avancé, & au
contraire, à la fâcheuse impuissance de faire
valoir la terre ; aux besoins du Militaire,
que la fureur de l'ennemi épargne dans les
Armées, que celle du chicaneur & de l'usu-
rier ne ménagera point à la paix ; réprimer
la faim horrible de la chicane, la soif en-
gloutissante de l'usure ; faire rentrer le plus
de choses que l'on pourroit dans l'ordre ;
les débordemens dans leur lit, les vertus
dans leurs droits, le mérite dans son lustre,
l'honneur dans sa gloire ; en un mot, faire
que les richesses ne soient point, pour ainsi
dire, les seules choses devant lesquelles on
s'agenouille, les seules que l'on encense,
celles que l'on préfére à tout, pour lesquelles uniquement on fait tout. Voilà en ra-
courci le tableau de ce que l'on oseroit se
proposer dans la Loi des Pauvres, & dans
ses suites, entendues comme on les conçoit;

& cette Loi & ces fuites ne produififient-
elles qu'une partie de ces bons effets, ce
feroit toujours beaucoup que d'avoir tenté
le tout, pour en obtenir la partie, ce feroit
autant de mal de moins, & par conféquent
autant de bien de plus. Veut-on en effayer?
Que l'on commence par la Loi fimple des
Pauvres Plaideurs ; & de l'événement, on
tirera des conjectures pour le refte.

II.

On m'objectera, entr'autres chofes, qu'il
eft affez aifé de dire, mais qu'il eft plus difficile de faire. Je le fai. De quoi que ce
foit dont les hommes traitent entr'eux, il
faut que cela foit ainfi ; rien ne paffe fans
contradiction ; c'eft l'effet de leur naturel,
c'eft le réfultat de leurs conventions : d'ailleurs, la difcuffion eft bonne dans ces ren-
contres. Il faut examiner, connoître, juger
de l'utilité, de la néceffité même, avant que
d'introduire. Ainfi s'établiffent les fages
Loix.

De ce qu'il eft plus difficile de faire que
de dire, ce n'eft pas une raifon fuffifante
pour n'ofer pas dire, pour ne devoir pas
tenter de faire. Il faut de meilleurs motifs
pour fe prefcrire le filence fur un deffein
que l'on eftime louable, pour abandonner
l'entreprife d'un plan envifagé comme bon,

où on croit servir son Dieu, son Roi & son Pays, à proportion des découvertes que l'on imagine avoir faites dans son état, d'autant que l'on ne fait que proposer, la décision appartenant aux Puissances, & Dieu leur ayant certainement donné les lumieres qu'il faut pour bien décider. Conclure qu'une idée rejettée devoit s'adopter parce qu'elle paroissoit bonne, vûe en son particulier, ce seroit abonder en son sens, manquer au sens supérieur qui la fait rejetter, comme contraire, sans doute, à d'autres intérêts plus généraux, pesant davantage dans la balance, ce seroit enfin sortir du plan total des décrets de Dieu.

Tous ces beaux établissemens qui nous environnent ne subsisteroient point parmi nous, rien de bien ne s'institueroit, si les Auteurs se rebutoient des premiers obstacles.

12.

On m'objectera encore, que je ne m'étends point assez sur les moyens. Je ne crois point le tems des détails venu ; il y en a même sur lesquels il ne faut point se hâter. Je l'ai dit, ce n'est qu'une esquisse que je donne, & ç'en est trop si je dois échouer.

Je le répéterai cent & cent fois ; la Loi simple des pauvres Plaideurs est ma bous-

fole pour tout le refte ; & ma plume fe tour-
menteroit bien infructueufement à en écrire
plus, fi même cette premiere Loi, qui im-
primeroit le mouvement à toute la fuite, ne
devoit point être goûtée.

Eft-il utile, eft-il néceffaire de foulager
les pauvres Plaideurs ? L'affirmation fuppo-
fée, cette utilité, cette néceffité quadrent-
elles avec les autres fortes d'utilités, de
néceffités ? Le poids que l'on enleve d'un
côté mérite-t-il que l'on en emprunte les
forces d'un autre ? La propofition eft faite.
On pourroit objecter, répondre, éclaircir,
enfin mettre le procès des Pauvres en état
d'être jugé, fi leur prétention n'étoit point
rejettée tout d'une voix à la feule préfen-
tation de la queftion.

13.

On s'attache aifément à un objet qui plaît;
tout y flatte. Comme on defire la réuffite
de ce que l'on conçoit, on aime à ne dou-
ter de rien ; tout y paroît poffible, il femble qu'il n'y ait qu'à aller; & c'eft peut-être
ce qui m'eft arrivé.

Les autres ne voient point les objets de
nos affections avec les mêmes yeux que
nous. Le feu qui nous anime ne les préoc-
cupe point; ils font en état de juger plus
fainement.

Si j'ai pris le ton affirmatif affez fouvent,

c'est prévenu de l'opinion que mon sujet mérite tous mes efforts ; mais disposé à reconnoître des Juges sur les qualités que peut avoir dans son principe le dessein que j'embrasse.

Je soumets, du commencement à la fin, mes idées ainsi que mon style, la forme de même que le fond, & je ne demande grace que pour l'intention.

Oh, Pauvres ! puisse-t-il se faire que je ne me sois point trompé, & qu'en cédant à mon inclination, en épousant vos intérêts, j'aye été assez heureux pour choisir la cause de Dieu pere de tous les hommes Pauvres & Riches, pour choisir la cause du Roi pere de tous ses sujets Pauvres & Riches, enfin pour choisir la cause que les Magistrats mêmes m'eussent donnée, s'ils eussent voulu me favoriser, une cause à laquelle des Chrétiens , de bons citoyens dussent s'intéresser !

14.

» Mes bien-aimés , aimez-vous les uns » les autres «. *I. Ep. de S. Jean , ch. 4. v. 7.*

F I N.

---

*A*Bstraction faite de quelques légeres circonstances qui apporteroient peu de changement dans le cas proposé , je suppose qu'un homme a en biens fonds 100000 livres.

Toutes déductions faites, ce fonds lui rapporte par an 5000 livres.

Il doit 50000 livres.

Il les doit de maniere qu'il en rend par an 2500 livres.

Il est propriétaire net de 50000 livres dans le fonds, & touche du revenu 2500 liv. par an, avec quoi il subsiste, lui & les siens.

Une faute, un malheur le mettent aux mains avec la chicane.

Aussi-tôt il est perdu, lui sa femme & ses enfans.

Sa propriété nette de 50000 livres dans le fonds, sa perception de 2500 liv. par an dans le revenu, vont s'abîmer dans ce gouffre. Plus d'éducation assurée, plus d'établissemens espérés, pour ses fils, pour ses filles.

Voilà un de ceux que j'apelle Pauvres ou Riches fictifs, & combien n'en est-il point de cette espéce?

Que pourroit, que devroit faire dans cet extrémité la Loi des Pauvres par extension?

La Caisse des Pauvres accepteroit sur le champ le bien pour sa valeur de 100000 liv. à la charge des 50000 liv. de dettes, & des 2500 liv. de redevance annuelle.

Il lui demeureroit 50000 liv. dans le fonds, 2500 liv. par an dans le revenu, pour pourvoir à la subsistance du malheureux Débiteur

*& de sa triste famille, & aux autres choses né-
cessaires, comme frais indispensables, &c.*

Les 50000 livres de dettes acquittées, les
2500 liv. de redevances éteintes, les frais légitimes payés, &c. par certains arrangemens,
le Débiteur pourroit redevenir propriétaire,
moyennant une rente royale, qui iroit avant
tout.

Quel bien, par cette voie, la Caisse des
Pauvres ne pourroit-elle pas faire aux sujets du
Roi, & par suite à Sa Majesté même, dans
la perception de ses revenus ?

Que l'on ne dise pas qu'il est indifférent pour
l'Etat que les biens sortent d'une main pour
entrer dans une autre.

Il y a dans cette translation la maniere qui
la rend plus ou moins avantageuse au Roi &
au Royaume.

On ne se permettra point d'opposer au premier tableau, celui du sort qu'auront autrement
les 100000 l. de fonds, les 5000 l. de revenu.

Seulement observera-ton, que par les ventes
à bas prix, par les déprédations des biens, &c.
Créanciers & Débiteurs risquent de tout perdre.

Créanciers & Débiteurs sont donc en général également intéressés à la Loi extensible des
Pauvres. Pour les premiers, certitude, célérité
de payement; pour les derniers, nonobstant leurs
maux, la subsistance assurée à eux & aux leurs,
& l'espoir de rétablir leurs affaires. Je ne con-

nois point encore d'autre méthode qui rende ces
avantages.

Tous mes Confreres me font chers. Je les
aime, je n'ai garde de vouloir porter la moin-
dre atteinte à notre profeſſion. Mes vûes ten-
dent au contraire. Notre profeſſion eſt honorable, utile. Je me flatte de l'enviſager ſous ſon
plus bel aſpect. Rendons-la plus honorable, plus
utile encore, nous y gagnerons. C'eſt par les
vertus, & ſur-tout par les vertus de leur état,
que s'illuſtrent les grands corps. Quelle célé-
brité n'acquiert pas tous les jours un ordre
reſpectable où la parole excelle, où, par toutes
les qualités louables & brillantes qui le cara-
ctériſent, on jouit des plus ſolides, en même
temps que des plus flatteuſes diſtinctions ?

Il ne me ſeroit pas plus difficile de prouver
que je ſers Magiſtrats, Avocats, Procureurs
& autres, comme ils doivent être ſervis, que
de prouver que le ſervice des Pauvres eſt l'affaire
de tous les honnêtes gens. Bien combiné, ce que
l'on perd juſtement d'un côté, on le regagne
d'autant plus juſtement d'un autre. J'eſpere
donc que l'on voudra bien ſe joindre à moi.

Perſonne ne peut ſe regarder comme ayant
acquis par charge le droit de ſe rendre heureux
au prix du malheur des autres, mais bien comme ayant acquis celui de le devenir en travaillant à l'amoindriſſement de malheur du prochain, en procurant le plus grand avantage

possible á ses semblables.

Vivons bien avec la Caisse des Pauvres; elle concourra avec les opulens à nous enrichir autant que nous devons être riches, & de la maniere dont nous devons l'être. Nous ferons des heureux en le devenant.

J'écris pour notre véritable intérêt, intimement lié avec le véritable intérêt de beaucoup de citoyens vertueux, que nous avons autant de raisons de ménager, qu'ils en ont de nous employer.

Conclusion. *La Loi des Pauvres est l'unique ressource que je connoisse de l'homme supposé dans le cas cité, des autres hommes plus ou moins dans ce cas, du Marchand qui a un fonds de boutique supérieur à ses dettes, mais qui, entre autres incidens, par la vente de ses marchandises à vil prix, sera ruiné, &c. Et d'ici à cette Loi il en périra bien encore de la sorte, qui par ce secours seroient sauvés, & jouiroient d'un état.*

» Je m'en vais donc vous donner de quoi se-
» mer & vous semerez vos champs, afin que
» vous puissiez recueillir des grains. Vous en
» donnerez la cinquiéme partie au Roi, & je
» vous abandonne les quatre autres pour semer
» les terres & pour nourrir vos familles & vos
» enfans. Genèse, Chap. 47. versets 23, 24,